Nicolas Dugay & Ingrid Petitjean

Petit cahier d'exercices pour développer un mental de gagnant

Illustrations Jean Augagneur

PETIT CAHIER
Sport cérébral du bien-être

De Nicolas Dugay (préface d'Ingrid Petitjean) aux éditions Jouvence :

La préparation mentale, 2014

Dans la même collection PETIT CAHIER

Le Grand Cahier d'exercices des gens heureux, Xavier Cornette de Saint Cyr, Barbara Dobbs, Rosette Poletti, Jacques Salomé, Yves-Alexandre Thalmann, 2015.
Petit cahier d'exercices pour réveiller sa fée intérieure, Valérie Motté, 2015.
Petit cahier d'exercices pour se relever d'un échec, Isabelle Filliozat, 2015.
Petit cahier d'exercices pour oser changer sa vie, Christine Marsan, 2015.
Petit cahier d'exercices pour pratiquer l'EFT, Maria-Elisa Hurtado-Graciet, 2015.
Petit cahier d'exercices de digital detox, Alia Cardyn, 2015.

Catalogue gratuit sur simple demande

ÉDITIONS JOUVENCE
France : BP 90107 – 74160 Saint-Julien-en-Genevois Cedex
Suisse : CP 89 – 1226 Thônex (Genève)
Internet : www.editions-jouvence.com
Mail : info@editions-jouvence.com

ISBN 978-2-88911-665-2

Couverture : Éditions Jouvence
Mise en pages : Stéphanie Roze
Dessins de couverture et intérieurs : Jean Augagneur

Introduction

Vous rêvez d'approcher le mental des meilleurs ? Ce livre est fait pour vous. Il est basé sur les études les plus récentes en matière de mental et sur des techniques utilisées par des grands dirigeants ainsi que des sportifs professionnels. Mais d'ailleurs, peut-être avez-vous déjà ce mental de gagnant ? Faites le test suivant.

Autodiagnostic du mental de gagnant

Vous trouverez ci-dessous un cadre pour réaliser cet exercice. Nous vous proposons de prendre cinq minutes et de vous transformer en développeur de mental gagnant.

Quelles seraient les bonnes pratiques à mettre en œuvre pour vous fabriquer un mental de gagnant ?

....

....

Si vous avez pris le temps de réfléchir à cette question, vous êtes déjà entré dans une logique de préparation mentale. Il existe en réalité quinze raisons de se construire un mental de gagnant. Ces quinze raisons, prises une à une, ou plusieurs en même temps, génèrent nécessairement des écarts par rapport à l'état d'esprit que vous recherchez.

Notre conseil de lecture :
après chaque item, vous pouvez réfléchir si la phrase vous semble « vraie » ou « fausse ». Quand la réponse est « vraie », attribuez 1 point, quand la réponse est « fausse », 0 point. Cet autodiagnostic vous servira pour reconstruire un mental gagnant via la méthode de PREFERA à la fin de ce livre.

	vrai	faux
J'ai des projets personnels.	____	____
J'ai un projet professionnel.	____	____
Je maîtrise mon environnement.	____	____
J'ai des loisirs.	____	____
Je me sens en pleine forme.	____	____
J'ai l'impression d'apprendre tous les jours.	____	____
Je suis actif face aux situations nouvelles.	____	____
J'accepte facilement la critique.	____	____
Je ne me sens quasi jamais débordé.	____	____
J'ai souvent l'impression d'arriver à mes fins.	____	____
Je sors souvent de chez moi.	____	____
J'accepte mes erreurs.	____	____
J'ai le sentiment d'avoir beaucoup de relations.	____	____
J'ose tenter des choses nouvelles.	____	____
Je n'ai aucune difficulté à me concentrer durablement.	____	____

Nombre de points : ....

Niveau 1 : **vous avez plus de 10 points**

Vous possédez déjà un mental de champion ! À l'identique d'un champion hors catégorie, votre mental gagnant doit s'entretenir.

Niveau 2 : **vous avez entre 5 et 10 points**

Vous êtes dans la moyenne de performance nationale. La mise en œuvre d'un plan dédié peut vous faire approcher le niveau 1.

Niveau 3 : **vous avez entre 0 et 5 points**

Bonne nouvelle, vous allez trouver de nombreuses pistes dans la méthode PREFERA du chapitre 3.

Qu'est-ce que le mental ?

À votre avis, qu'est-ce que le mental ? Écrivez ci-dessous les 5 mots qui vous viennent à l'esprit.

-

-

-

-

-

Le mental,
c'est ce qui se fait dans l'esprit.

Les domaines d'application sont nombreux, diversifiés et illimités. Maîtriser la préparation mentale peut permettre de :

- Se sentir bien dans son corps sur le long terme.
- Gérer la douleur en détournant son attention de cette douleur.
- Améliorer son estime de soi.
- Développer sa capacité à s'économiser au niveau énergétique.
- Éviter de cumuler des tensions physiques et nerveuses inutiles, pour mieux vivre les périodes chargées.
- Mieux gérer ses émotions.
- Gérer son stress et positiver dans des situations délicates.
- Accepter ses erreurs.
- Identifier ce qui est essentiel pour son équilibre : ma vie correspond-elle à mes aspirations ?
- Remettre du plaisir dans ma vie.

- Améliorer son efficacité relationnelle, à la fois dans la communication avec les autres, mais surtout grâce à une meilleure gestion de ses propres émotions.
- Prendre du recul sur les situations en adoptant une autre vision, et en découvrant ainsi de nouvelles perspectives.
- Se connaître pour identifier les signes précurseurs de fatigue (mentale ou physique).
- Se rendre disponible à l'instant présent ou à l'action présente.
- Se concentrer efficacement.

Cinq exemples concrets

1. Vous voyez ce citron ? Vous fermez les yeux et vous imaginez le croquer. Vous sentez le goût ?

2. Prenez une boulette de papier et essayez de la jeter dans la poubelle comme au basket en vous situant à 3 mètres de celle-ci. Avez-vous réussi ? Quel que soit le résultat, recommencez le même exercice en fermant les yeux… Le résultat sera identique à 5 % près.

3. Fermez les yeux et essayez de penser à un endroit que vous aimez. Ressentez-vous du bien-être ?

4. Vous fermez les yeux et vous entendez votre chanson ou musique préférée. Vous appréciez le plaisir ?

5. Vous fermez les yeux et vous sentez une odeur que vous appréciez particulièrement (des fleurs, la mer, un parfum, votre plat préféré…). Vous ressentez du bien-être ?

Pourquoi cela fonctionne-t-il ?

Pour le premier exercice, le goût du citron est ancré dans votre cerveau et le simple fait de visualiser son goût vous procure les sensations adaptées.

Pour le deuxième exercice, votre cerveau a construit les connexions pour réussir le bon geste face à la corbeille à papiers.

Pour le troisième exercice, votre cerveau vous procure les émotions positives que vous appréciez en allant rechercher dans vos souvenirs un plaisir ressenti il y a parfois des années.

Pour le quatrième et le cinquième exercice, tout comme pour le goût du citron, des sons et des odeurs sont ancrés dans le cerveau, et le simple fait de les visualiser nous replonge dans la sensation et l'émotion associée à la situation.

Donc, il est possible de se préparer pour une situation perçue comme importante, de se mettre en conditions optimales pour un rendez-vous privé ou professionnel. Mais il est également possible de se mettre en « émotions positives » ou encore de ressentir par l'esprit un goût, positif ou négatif.

Chapitre 1 :
Reconstruire ses raisons d'Être

Les raisons d'être sont formalisées dans l'ouvrage de Christian Target[1].

Exercice :

Instructions en page suivante (source : Christian Target)

Centre d'intérêt	% tps	En quoi est-ce très positif pour vous ? (mots clés)				
		1	2	3	4	5
		1	2	3	4	5
		1	2	3	4	5
		1	2	3	4	5

1. Christian Target, *La Bible de la préparation mentale*, Amphora, Paris, 2016.

En quoi il vous rend autonome et ne dépend que de vous ? (mots clés)					Reformulez à la 1ère personne votre raison d'être	nouveau % de tps
1	2	3	4	5		
1	2	3	4	5		
1	2	3	4	5		
1	2	3	4	5		

1. Listez dans la première colonne :

- Vos centres d'intérêt actuels : ce sont toutes les choses qui vous intéressent en ce moment (exemple : une passion pour un sport, pour l'art…). Il n'y a pas d'ordre.
- Les centres d'intérêt passés qui vous ont épanoui, mais qui n'existent plus aujourd'hui.
- S'il y en a, les activités qui vous prennent du temps, même si elles ne sont pas fondamentalement un centre d'intérêt (exemple : regarder la télévision, un travail purement « alimentaire »…).

2. Deuxième colonne :

Évaluez le temps que vous accordez à chaque centre d'intérêt. Cela peut parfois être 0. L'addition du tout doit faire 100 %.

3. Troisième colonne :

Décrivez en quoi cela est très positif pour vous.

4. Quatrième colonne :

Décrivez en quoi vous êtes autonome dans la pratique de cette activité, en quoi elle ne dépend que de vous. L'autonomie n'est pas l'indépendance, il ne s'agit pas de ne faire que des activités solitaires, mais de mettre en avant, même lorsqu'on est en interaction avec d'autres personnes, la part d'autonomie que nous avons.

5. Vous allez maintenant évaluer de 0 à 5 (en entourant sur l'échelle) :

- La qualité du centre d'intérêt :
  0 = une activité qui ne m'épanouit pas, je n'en tire aucun plaisir, aucun bénéfice.

5 = j'ai beaucoup de plaisir, je me sens bien et épanoui quand je suis sur ce centre d'intérêt, j'ai envie de le faire.

- Votre autonomie pour chaque centre d'intérêt (avec un rond) :
  0 = je ne suis pas du tout autonome, je dépends toujours d'éléments ou de personnes extérieures à moi.
  5 = je suis pleinement autonome, je suis à l'initiative.

IMPORTANT : vous devrez avoir terminé ces 5 premières étapes avant de continuer.

6. Vous faites la moyenne de l'autonomie et la qualité, et vous reclassez les centres d'intérêt dans l'ordre des « notes » obtenues.

7. Peut-être qu'au fur et à mesure de ce travail, vous aurez déjà supprimé quelques lignes.
Vous allez maintenant symboliser chaque centre d'intérêt avec une phrase qui va représenter votre raison d'être. C'est une phrase personnelle, qui vous évoque du plaisir, de l'envie. Exemple : pour un centre d'intérêt qui serait la cuisine – « Je suis créatif quand je cuisine », « Cuisiner m'amuse et stimule ma créativité »…

Vous êtes devant vos raisons d'être actuelles, voici quelques questions :

- Que pensez-vous du tableau qui est devant vous ? Certains éléments vous interpellent-ils ? Si oui, lesquels ?

....

....

- Qu'en est-il de la cohérence entre le nouveau classement et le temps passé sur chaque centre d'intérêt ?

....

....

- Quels sont les piliers forts, les choses que vous souhaitez continuer ?

....

....

Ce travail peut prendre un peu de temps : il est nécessaire et indispensable. Plus vous avez des difficultés pour trouver, plus vous allez chercher des choses profondes, donc des choses importantes pour vous.

Changements :

Indiquez de nouveaux pourcentages temps. Et fixez-vous des objectifs pour les atteindre.

Vous allez maintenant vous fixer des objectifs à court, moyen et long terme pour vivre une vie qui vous épanouira pleinement. Pour chaque raison d'être, posez des objectifs concrets, opérationnels, qui vont permettre à la raison d'être d'exister au quotidien.

Dans la première colonne du tableau page suivante, rappelez vos raisons d'être. Ensuite, vous fixez l'échelle temps : quelles périodes pour le court, le moyen et le long terme (exemple : court terme 6 mois, moyen terme 1 an, long terme 5 ans) ? L'échelle temps est personnelle, certaines personnes mettent le long terme à 20 ans.

Vous écrirez ensuite les objectifs que vous vous donnez dans vos différents domaines de vie.

Chaque objectif devra être relié au moins à une raison d'être.

Par exemple : j'ai une passion pour la cuisine, qui est une de mes raisons d'être. Je pourrais à court terme décider de tester 2 nouvelles recettes par mois, inviter une fois par mois des amis à dîner. À moyen terme, prendre des cours de cuisine. À long terme, participer à des concours.

OBJECTIFS

	Rappel des raisons d'être	Court terme Date :	Moyen terme Date :	Long terme Date :
Vie professionnelle				
Vie personnelle				

Y a-t-il encore des objectifs que vous vous fixez qui ne correspondraient à aucune raison d'être ? Lesquels ?

....

....

....

Si tel est le cas, cela peut correspondre à une période temporaire, et être efficace sur un temps court. Mais des objectifs non corrélés à une raison d'être ne tiendraient pas dans le temps.

Comment réussir ses objectifs ? 80 % des objectifs de la nouvelle année sont abandonnés ; pourquoi, selon vous ?

....

....

....

Parce que les objectifs sont généralement un peu trop ambitieux et, surtout, ils ne sont pas accompagnés d'un plan d'actions progressif. Comment construire un plan d'actions progressif ? Les deux exemples ci-dessous vous aideront à construire le vôtre.

Exemple 1 :

Étape 1 : *nous allons prendre le jeu des chiffres et des lettres, et notamment les chiffres ; si nous vous demandions d'être capable de faire de tête la multiplication : 2 000 000 x 1,5 %, sauriez-vous le faire en moins de 30 secondes sans calculatrice ?*

Oui ❑ *Non* ❑

Étape 2 : *si nous vous expliquions comment faire, sauriez-vous le faire plus rapidement ? Pensez-vous que vous pourriez progresser ?*

Oui ❑ *Non* ❑

Étape 3 : *si nous vous expliquions comment faire, et si nous vous laissions du temps pour vous entraîner, pensez-vous que vous pourriez progresser ?*

Oui ❑ *Non* ❑

Étape 4 : *si nous vous décrivions précisément comment calculent les meilleurs, en vous donnant toutes les étapes, est-ce que vous progresseriez ?*

Oui ❑ *Non* ❑

Étape 5 : *pour faire 2 000 000 × 1,5 %, il faut avoir des ordres de grandeur en tête :*

1,5 % de 100 = 1,5

1,5 % de 1 000 = 15

1,5 % de 10 000 = 150

1,5 % de 100 000 = 1 500

1,5 % de 1 000 000 = 15 000

Donc 1,5 % de 2 000 000 = 30 000

Et si je vous demandais de faire 2,5 % de 2 000 000, sauriez-vous le faire en moins de 45 secondes ?

....

Exemple 2 - réalisé avec Denis Troch :

Étape 1 : *si nous vous demandions en combien de temps vous pourriez faire un 100 mètres demain, quelle serait votre réponse ? Partons du principe que vous ne possédez pas d'entraînement sur le sujet et notons le résultat de base : 15 secondes. Nous prenons volontairement des chiffres atteignables par la majorité d'entre nous (!). Vous pouvez noter de votre côté un autre temps de base.*

....

Étape 2 : nous vous proposons de vous entraîner durant 2 mois à l'exercice. Au bout de deux mois, si nous vous demandions en combien de temps vous pourriez courir un 100 mètres, quelle serait votre réponse ? Partons du principe que vous auriez progressé par vous-même en endurance et en rythme pour atteindre 14,5 secondes, - 0,5 seconde, ce qui paraît raisonnablement pessimiste.

....

....

Étape 3 : nous vous proposons de vous prêter un coach durant deux mois pour vous entraîner spécifiquement sur le 100 mètres. Au bout de deux mois, si nous vous demandions en combien de temps vous pourriez courir un 100 mètres, quelle serait votre réponse ? Partons du principe que vous auriez progressé au niveau méthodologie, technique et résistance pour atteindre 14 secondes, ce qui paraît raisonnablement pessimiste.

....

....

Étape 4 : vous avez travaillé depuis plusieurs mois, seul puis avec un coach. Nous vous inscrivons désormais dans une compétition avec des concurrents qui vont vous stimuler. Si nous vous demandions en combien de temps vous pourriez courir ce 100 mètres en compétition, quelle serait votre réponse ? Partons du principe que vous auriez progressé pour atteindre 13,9 secondes dans le cadre de cette première compétition… sachant qu'on progresse toujours en compétition après un bon entraînement (– 0,1 seconde… raisonnablement pessimiste).

……………………………………………………………

Étape 5 : après cette compétition, nous vous proposons de vous prêter un coach mental pour gérer le stress et la pression. Celui-ci va bien sûr vous aider à progresser. Deux mois après, nous vous inscrivons à une deuxième compétition. Si nous vous demandions en combien de temps vous pourriez courir ce 100 mètres dans cette deuxième compétition, quelle serait votre réponse ? Partons du principe que vous auriez progressé pour atteindre 13,8 secondes (– 0,1 seconde… raisonnablement pessimiste).

……………………………………………………………

Étape 6 : vous êtes devenu un vrai professionnel du 100 mètres, à votre niveau. Nous vous inscrivons dans une troisième compétition avec autour de vous sur la ligne de départ un homme ET une femme qui réalisent en moyenne 13,8 secondes au 100 mètres. Si nous vous demandions en combien de temps vous pourriez courir ce 100 mètres dans cette nouvelle compétition avec des gens d'un niveau équivalent au vôtre, quelle serait votre réponse ? Partons du principe que vous auriez progressé (principe de base de la concurrence) pour atteindre 13,7 secondes (– 0,1 seconde… raisonnablement pessimiste).

……………………………………………………………

……………………………………………………………

Étape 7 : nous vous inscrivons dans une quatrième compétition qui aura lieu dans votre ville de naissance. Pour cette occasion, notre sponsor vous a fourni une tenue superbe, avec des baskets spécialement conçues pour vous. Le stade est rempli de spectateurs, dont certains sont vos amis, voire même votre propre famille : vous êtes « surmotivé ». Si nous vous demandions en combien de temps vous pourriez courir ce 100 mètres dans cette dernière compétition, quelle serait votre réponse ? Partons du principe que vous auriez progressé pour atteindre 13,6 secondes (– 1 seconde... raisonnablement pessimiste).

....

....

Étape 8 : nous vous inscrivons à une dernière compétition, la cinquième. Vous avez bénéficié des 7 premières étapes. Il en reste une dernière. Si vous battez votre record, vous recevrez une prime d'un mois de salaire ! Rien de moins. Si je vous demande en combien de temps vous pourriez courir ce 100 mètres dans cette dernière compétition, quelle serait votre réponse ? Partons du principe que vous auriez progressé pour atteindre 13,5 secondes (– 0,1 seconde... raisonnablement pessimiste).

....

....

Au bout de quelques semaines, vous êtes donc passé de 15 secondes à 13,5 secondes avec des chiffres assez pessimistes. Vous progressez donc de 10 % par le biais d'un plan d'actions spécifiques qui n'a rien à voir avec la chance de départ, les gènes du 100 mètres.

Chapitre 2 : Reconstruire son amour de soi

Connaissez-vous le syndrome de la pastèque ? Dans la vie de tous les jours, on rencontre beaucoup de syndromes de la pastèque : vert à l'extérieur et rouge à l'intérieur. Vous pouvez rencontrer des personnes qui ont l'air heureuses, relativement sûres d'elles, en apparence, mais qui, en réalité, au fond d'elles-mêmes doutent de leurs qualités.

Vous aimez-vous ? Cette question peut paraître paradoxale, pourtant elle est fondamentale car il est difficile d'avoir un mental de gagnant quand on ne s'aime pas. L'idée n'est pas de se dire non plus que vous êtes trop narcissique ; le trop-plein d'amour de soi génère un trop-plein de confiance en soi qui peut être perçu comme de l'arrogance. Par ailleurs, le trop-plein d'amour de soi a des conséquences sur les relations avec les autres car, généralement, on déteste les gens amoureux d'eux-mêmes. On préfère les gens amoureux de nous !

L'amour de soi dépend déjà de la façon dont on a été aimé depuis la naissance, dès notre plus jeune âge. Aujourd'hui, la meilleure façon de reconstruire votre amour de vous-même, c'est d'être en lien avec vos raisons d'être du chapitre 1.

Est-ce ce que vous faites et est-ce ce que vous réussissez ce que vous souhaitez ? Est-ce que vous vous sentez à l'aise avec vos actes ? Etes-vous fier de ce que vous êtes devenu ?

....

....

Et finalement, quelles qualités vous attribuez-vous ?

....

....

Demandez à vos amis, vos proches, vos collègues de travail, vos principales qualités : chacune des 5 personnes à qui vous demanderez vous donnera vos 3 qualités principales.

1 - ______________ / ______________ / ______________

2 - ______________ / ______________ / ______________

3 - ______________ / ______________ / ______________

4 - ______________ / ______________ / ______________

5 - ______________ / ______________ / ______________

Exercice

Qu'est-ce que vous détesteriez qu'on dise de vous ?

....

....

....

....

Quelles seraient les qualités que vous adoreriez avoir ?

....

....

....

....

Et quelles actions pourriez-vous faire pour avoir ces qualités ? Exemple : j'aimerais être souple. Action : Accepter des propositions des autres - Accepter de modifier son organisation - Arrêter de s'énerver - Se concentrer sur l'essentiel et non sur l'accessoire.

....

....

....

....

Pratique : imaginez deux bonnes actions que vous aimeriez faire, en corrélation avec ces qualités et faites-les la semaine prochaine.

Les croyances

Nous avons tous des croyances, c'est-à-dire des idées en lesquelles nous croyons avec conviction, que nous considérons correspondre à la réalité et qui conditionnent nos comportements et notre façon de percevoir le monde. Ces croyances peuvent porter sur le monde en général et sur nous-même plus particulièrement. Elles peuvent être positives, auquel cas, elles sont dynamisantes, nous portent, nous donnent confiance. Quand elles sont négatives, elles nous freinent et nous limitent.

Exemples :

« Je suis quelqu'un qui n'a pas beaucoup de chance. »

« Quoi qu'il arrive, je finis toujours par trouver une solution. »

« Il n'est pas possible aujourd'hui de faire baisser le chômage. »

« Les temps de crise sont d'excellents moments pour acheter de l'immobilier. »

Parfois, nous avons conscience de certaines croyances, le plus souvent, elles conditionnent nos actes et nos perceptions sans même que nous en ayons conscience. Prendre conscience d'une croyance est déjà la première étape du processus de déconstruction. La deuxième étape consistera en la remplacer par une croyance positive.

Ce travail est celui qui nécessite le plus l'intervention d'une personne extérieure, pour accompagner le changement. Mais vous pouvez déjà simplement vous poser la question pour avancer, à votre rythme, prendre conscience de vos propres freins, mais aussi de vos forces.
On les repère souvent grâce à des termes comme « toujours », « jamais », des généralisations...

1re étape : croyances limitantes

Listez 3 croyances limitantes que vous avez vis-à-vis de vous-même :
Exemple : « Je n'ai jamais de chance. »

1 -

2 -

3 -

Maintenant, vous allez remplacer cette croyance limitante par une phrase qui représenterait la situation souhaitée. Il ne s'agit par forcément de l'opposé. Cela peut être un changement de point de vue, c'est dans tous les cas une phrase qui déstabilise la croyance limitante et prend sa place.
Si on prend l'exemple de « je n'ai pas de chance », on pourrait simplement mettre l'opposé « j'ai de la chance ». Parfois, le contraste est trop important et la personne a du mal à l'assumer, dans ce cas on peut trouver des intermédiaires. Par exemple : « Je suis observateur et cela me permet de voir les occasions de saisir ma

chance. » Cette phrase est un peu longue, on pourrait la raccourcir pour la rendre plus percutante. Par exemple : « J'observe, je vois, je saisis ma chance. » Ou encore : « Je saisis ma chance »…

1 -

2 -

3 -

Trouver votre « antidote » vous prendra un peu de temps, vous serez peut-être amené à le modifier. Vous le chercherez d'abord sur le papier, puis vous le testerez dans l'action, en vous répétant cette phrase dans votre tête quand vous en aurez besoin, et elle évoluera naturellement, jusqu'à trouver une phrase idéale. La phrase idéale est celle qui vient naturellement, qui vous apporte un ressenti positif. Pour donner une autre dimension à ce ressenti positif, vous pouvez l'associer à une situation positive vécue, dans laquelle elle prend tout son sens. Dans notre exemple, il s'agirait d'une situation dans laquelle vous avez su saisir votre chance.

Il est fort probable qu'à la première lecture, vous vous disiez que cela n'est pas possible, puisque vous n'avez jamais de chance. C'est le principe de la croyance. Cela prouve d'ailleurs qu'il s'agit bien d'une croyance. Au bout de quelques semaines, vous reviendrez sur cette question : quelle situation positive vécue peut représenter mon « antidote » ? Vous pourrez alors y répondre.

En résumé :

- Vous listez trois croyances limitantes.
- Vous trouvez trois antidotes positifs.
- Vous allez pendant une semaine focaliser sur une des croyances et vous mettre dans la peau de quelqu'un qui applique l'antidote. Dans notre exemple, ce serait : pendant une semaine, je crois que je suis quelqu'un de chanceux. Pour vous aider, vous vous dites régulièrement la phrase antidote.
- Vous associez la phrase antidote à une situation vécue qui l'illustre, dans laquelle vous avez un ressenti positif.
- Vous faites évoluer votre phrase antidote quand besoin est.
- Quand vous avez suffisamment avancé avec la première croyance, vous recommencez avec les deux autres.

2e étape : croyances dynamisantes

Vous listez trois croyances positives que vous avez vis-à-vis de vous-même.

Pourquoi cet exercice ? Nous construisons sur le positif. Ces croyances peuvent devenir des slogans qui nous motivent, nous encouragent, nous donnent confiance. Elles peuvent d'ailleurs être parfois des antidotes aux croyances limitantes.

1 -

2 -

3 -

Pour chaque croyance, vous allez associer une situation vécue dans laquelle elle prend tout son sens, et vous allez décrire cette situation :

Situation croyance 1 :

- Description de la situation (2 lignes).
- Émotion / Ressenti pendant la situation.
- Sources de plaisir (sensations) : visuel, auditif, kinesthésique.

Exemple : croyance positive : « Quoi qu'il arrive, je trouve une solution. »

- Description de la situation : j'arrive à l'école de mon fils qui devait sortir à 15 heures selon la maîtresse, mais qui a finalement 1 heure de retard. Je dois partir en vacances dans la foulée et veux donc éviter les bouchons.
- Émotion / Ressenti pendant la situation : sur le coup, de la surprise, et un peu d'énervement contre la maîtresse. Mais rapidement, je passe en mode « recherche de solution », et je ressens comme une excitation, ça devient un challenge. Je me sens comme un « détective » qui cherche la solution.

Sources de plaisir (sensations) : visuel, auditif, kinesthésique. La source de plaisir est plutôt kinesthésique, je me sens à la fois calme, à la fois dynamique et lucide. Je suis relâché et prêt à bondir. Auditif : je me dis intérieurement les différentes pistes. Cela va très vite. Visuel : une porte s'ouvre.

Finalement, je relativise en me disant qu'une heure de bouchon sur 15 jours de vacances, cela ne doit pas me mettre en colère. Je regarde un plan pour trouver une route acceptable. Je prends une bouteille d'eau pour anticiper l'attente, qui reste potentielle. Aucune raison de me sentir mal.

Chapitre 3 : Développer sa réussite

« Je n'ai pas de chance », « c'est toujours sur moi que cela tombe », « à deux secondes près, c'était bon », « lui, avec le pot qu'il a ! » : on a souvent tendance à comparer la chance et la réussite, voire à estimer que la réussite est due à la chance. Pensez-vous réellement que toutes les actions réussies sont dues à la chance ? Prenons un peu de recul.

Le premier homme qui marche sur la lune.
De la chance ? ou du travail et du talent ?

Le conducteur qui roule 50 000 km sans accident.
De la chance ? ou du travail et du talent ?

Le sportif le plus rapide du monde.
De la chance ? ou du travail et du talent ?

Le fait d'avoir fini votre travail dans les temps.
De la chance ? ou du travail et du talent ?

Raisonnablement, on peut dire que la chance existe, mais elle est surtout la conséquence de la rencontre du travail et de l'occasion.

Pour réussir à faire quelque chose, la meilleure solution est de s'entraîner à la faire. Vous venez de vous fixer des objectifs concernant le chapitre 2 de ce livre. Alors, allons-y, entraînons-nous.

1. Exercices des deux bonnes actions

Vous venez d'imaginer deux bonnes actions à réaliser. Ce seront deux objectifs à réaliser pour la semaine prochaine.

De quoi avez-vous besoin pour réaliser ces actions ? Faites une liste.

- ....

- ....

- ....

Qu'est-ce qui pourrait vous empêcher de réaliser les actions ? S'il y a des éléments qui ressortent, que pouvez-vous faire pour anticiper et lever ces potentielles embûches sur votre route ?

....

....

....

....

....

Organisez votre plan d'action : choisissez quand vous réaliserez l'action, et planifiez la préparation avant. Soyez précis, utilisez un agenda.

....

....

....

Accepter plus facilement le changement tout en développant sa créativité et en modifiant progressivement ses habitudes ?

Certains sont capables d'inventer des choses facilement, d'autres, plus difficilement. Il est vrai que certains ont plus de talent pour y arriver, naturellement, mais il est aussi possible de s'entraîner... et donc de réussir :

Exemples :

Vous ouvrez votre réfrigérateur, et avec ce qu'il contient, vous essayez d'élaborer deux repas différents de ceux que vous faites d'habitude.

Ce soir, demain, ce week-end, vous changez de conducteur... vous changez de route pour aller au travail, vous changez de trajet pour aller au magasin, vous changez de jour pour faire vos courses...

Vous choisissez une activité ou un comportement dans lequel vous vous estimez très routinier et vous décidez de le modifier. (Choisissez quelque chose où la prise de risque est minime.)

2. Et si on s'entraînait ?

Quelle est la proportion entre le temps d'entraînement et le temps de compétition d'un sportif de haut niveau ? En d'autres termes, combien d'heures va passer un sportif à l'entraînement pour 1 heure de compétition ?

Et vous, combien de temps passez-vous à préparer vos échéances importantes ? Combien de temps vous entraînez-vous pour préparer votre conférence, un entretien d'embauche auquel vous tenez, un examen, un entretien commercial décisif...

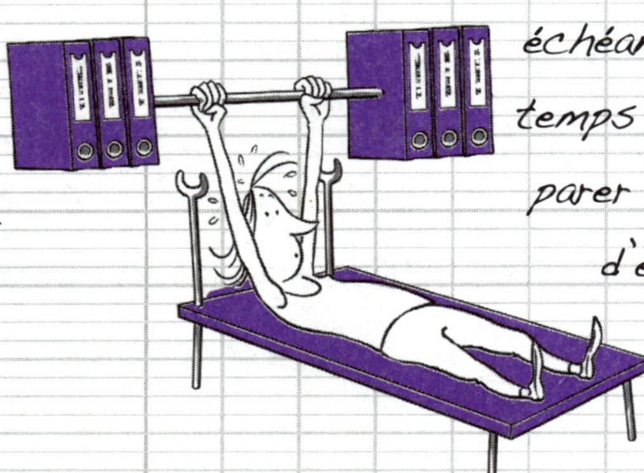

Même si nous n'avons pas de statistiques à l'appui, notre constat est que les sportifs passent beaucoup plus de temps à répéter leurs fondamentaux, à s'entraîner, pour préparer les échéances.
Alors pourquoi ne pas se lancer dans la même dynamique ?
Choisissez une action concrète que vous aurez à réaliser prochainement, de préférence une action qui vous met à l'épreuve, pour laquelle vous n'avez pas encore toute la maîtrise.
Si vous aviez à réaliser l'action tout de suite, quelles seraient vos forces ? Quels seraient vos manques ?
Quels seraient les points d'amélioration qui pourraient faire la différence ?

Entraînez-vous :

➔ Visualisez mentalement l'action future à réaliser. Vous ne visualisez pas le résultat atteint, mais l'action en train de se réaliser de façon fluide. Vous le ferez plusieurs fois et chaque fois vous changerez des éléments de contexte. Il est important de modifier légèrement le contexte à chaque fois car vous ne pouvez pas tout prévoir, et il est essentiel de rester ouvert et adaptable le jour J.

➡ Le travail de visualisation sera fait en parallèle de l'entraînement réel. Par exemple, s'il s'agit d'une conférence, vous répéterez votre présentation autant de fois que nécessaire pour vous sentir à l'aise. La maîtrise de la présentation en elle-même ne doit pas être source de stress. Les sources de stress liées au contexte seront déjà assez importantes à gérer. On peut être fort mentalement, mais le mental n'a pas la magie de se substituer aux compétences techniques. Entraînez-vous suffisamment sur les compétences techniques.

➡ Si l'exercice s'y prête, trouvez-vous des partenaires d'entraînement. Vous pouvez faire des jeux de rôle pour reproduire le contexte de l'action. Choisissez des personnes en qui vous avez confiance et qui sauront vous faire un retour positif. Mais auparavant, précisez-leur ce que vous en attendez. Un bon feed-back est factuel, c'est-à-dire qu'il s'appuie sur des faits observés pendant l'exercice, il met en avant des points à améliorer, mais aussi les points positifs, et ceux-ci sont équilibrés.

3. Lancer l'action

Comment fait-on pour bien démarrer une action, pour se sentir en fluidité dès le début ?

Mihály Csíkszentmihályi décrit que l'état de flow est un état optimal de motivation intrinsèque, où l'individu est entièrement immergé dans son activité. C'est un sentiment que chacun peut éprouver, caractérisé par une grande impression de liberté, de joie, d'accomplissement et de compétence, et durant laquelle le temps semble disparaître[2].

➡ L'émotion

Il s'agit déjà d'identifier quelle est l'émotion adaptée à l'action à réaliser. Une émotion positive n'est pas suffisante, il est nécessaire qu'elle soit adaptée à la situation. Je pourrais par exemple me sentir très calme et serein, ce qui est très agréable, mais ne serait peut-être pas adapté à une situation dans laquelle j'aurais besoin d'être dynamique.

2. **Source** : son œuvre fondatrice, *Vivre : la psychologie du bonheur*. Pour se mettre dans cet état de fluidité, il s'agit d'être dans la bonne émotion, tout en étant concentré dans l'action immédiate ou juste à venir.

Exercice :

- Reprenez l'objectif fixé dans l'exercice précédent, celui pour lequel vous vous entraînez.

- **Quel état émotionnel vous semble idéal pour réussir l'action ?**

- **Quelle autre action avez-vous déjà réussie, en étant dans un état émotionnel similaire ou proche de celui souhaité pour ce nouvel objectif ?**

- Une fois cette situation vécue trouvée, fermez les yeux, remettez-vous dedans comme si vous la viviez à nouveau, **explorez vos différentes sources de plaisir,** toujours en restant dans l'action, et non dans le résultat obtenu en fin d'action. Faites-le plusieurs fois, par exemple 2 ou 3 fois par semaine pendant deux semaines. Associez un slogan à cette situation, et identifiez la source de plaisir la plus forte.

- Entraînez-vous à vous mettre dans cet état émotionnel dans différents moments de la vie quotidienne, en vous branchant directement sur la source de plaisir la plus forte, ou le slogan.

Exemple :

- Objectif : rendez-vous commercial décisif.
- État émotionnel souhaité : m'affirmer en souplesse.

- Situation de référence : présentation d'un projet en conférence. Source de plaisir préférentielle : fluidité de mouvement des bras, posture redressée (je me redresse, omoplates qui se resserrent). Slogan : « Vas-y. »
- Entraînement au quotidien : je me redresse physiquement, je me dis « vas-y » et je me retrouve dans l'état émotionnel « m'affirmer en souplesse ».

La quatrième étape ne fonctionnera pas immédiatement, elle dépendra du nombre de fois où vous l'aurez visualisée en amont.

La focalisation de l'attention

Pour être dans le bon champ d'attention pendant l'action, notre attention doit être centrée sur l'extérieur et sur un élément précis.

Très souvent, les erreurs de concentration en début d'action sont liées au fait que nous restons sur une concentration interne (par exemple : je répète ma présentation intérieurement avant d'y aller).

Pour entrer dans l'action, vous pourrez basculer votre attention sur un élément extérieur juste avant de démarrer. À vous de choisir le bon. Cet élément extérieur doit être synonyme de lancement d'action. Cela peut être la porte qui s'ouvre avant d'entrer dans un bureau, votre support PowerPoint, votre main, le visage de votre interlocuteur, un objet présent dans l'environnement, peu importe. Cet élément doit être synonyme de lancement de l'action, il fait partie de l'action et il est agréable pour vous. Ce n'est pas un élément anxiogène.

Par exemple, pour mon entretien commercial, si je m'appuie sur un support visuel, il peut s'agir de ce support visuel.

Chapitre 4 : Décupler son plaisir

Avez-vous éprouvé du plaisir depuis 24 heures ?

Oui ❑ Non ❑

Au-delà du plaisir physique, avez-vous passé un bon moment depuis 24 heures ?

Oui ❑ Non ❑

Avez-vous ri depuis 24 heures ?

Oui ❑ Non ❑

Avez-vous mangé un produit que vous aimez depuis 24 heures ?

Oui ❑ Non ❑

Les travaux d'Ed Diener, de l'Université de l'Illinois, montrent que le bonheur peut être maîtrisé à 40 % par soi-même (le reste provenant des gènes et de l'environnement extérieur). Vous vous dites que vous êtes trop vieux ou trop jeune pour le plaisir ? Une étude de Gallup montre que le bonheur augmente avec l'âge dans la plupart des pays du monde. Pourquoi chercher le plaisir ? Pour augmenter votre niveau de dopamine !

Selon l'Inserm : la dopamine est un neurotransmetteur, c'est-à-dire une molécule chargée de transmettre l'information entre les neurones. Lorsque la production ou la circulation de la dopamine est entravée, les cellules nerveuses communiquent mal. Dans le processus d'une addiction, la dopamine est un neuromédiateur du plaisir et de la récompense, que le cerveau libère lors d'une expérience qu'il juge « bénéfique ».

Plus vous faites des choses qui vous font plaisir, plus votre cerveau libère de la dopamine. Évidemment, l'idée n'étant pas d'être dans l'excès, l'alcool, le tabac, car vous savez que cela serait en désaccord avec votre objectif de mental gagnant (et notamment le chapitre 5 sur la forme).

Deux moyens de développer son plaisir

➡ Célébrer les réussites

Quand vous atteindrez un objectif, vous le célébrerez. En général, on pense à le faire pour les gros projets, mais pas toujours pour les petites victoires du quotidien. Il ne s'agit pas forcément de faire une grande fête ou d'organiser une remise de médaille... mais plutôt de partager le plaisir de la réussite avec d'autres personnes. En fonction de l'importance et de l'ampleur de la réussite. Exemples : un dîner avec un proche ou un ami en l'honneur de l'objectif atteint, un coup de fil pour annoncer la bonne nouvelle, une fête pour célébrer, du champagne, un événement en équipe pour fêter la réussite, prendre le temps d'être content de soi, et éventuellement se féliciter soi-même...

Activités plaisir

Regard sur la semaine passée : quand avez-vous pris du plaisir ? Quel pourcentage de votre temps cela représente-t-il ?

....

Si cela vous semble insuffisant, que changerez-vous pour que la semaine prochaine (et les suivantes) soit plus agréable ?

....

Plan d'action semaine prochaine :

- Décidez d'au moins deux activités plaisir par jour. Il peut s'agir de deux activités très courtes. Vous les choisissez et définissez quand vous les réaliserez. Utilisez votre agenda et mettez-les au programme.

Sur l'ensemble de la semaine, vous aurez un grand moment de plaisir qui durera un certain temps (plus d'1 heure) et qui sera fait en dehors de votre milieu professionnel. Ce moment vous apportera du plaisir, et sera une activité qui fait du bien à vos sens. Quand vous y repenserez, cela vous fera du bien, les images reviendront très vite, car cela aura été une expérience très positive et plaisante. Exemple : une journée de randonnée, la visite d'un musée, un moment en famille...

Thèmes	J'aime	Je n'aime pas
Ex.: Être en famille :		
Être avec ma moitié :		
Jouer (jeux/jeux vidéo):		
Faire du sport :		
....		
....		
....		
....		
....		
....		

Profiter de l'instant présent :

Nous vivons dans une société qui va de plus en plus vite, les nouvelles technologies ont pris une place importante. Il y a de moins en moins de temps mort, ou de moment d'attente ou d'inaction. Cela a des avantages, mais peut aussi nous déconnecter du présent de façon trop systématique.

La vie est ici et maintenant, si vous ressentez que vous êtes souvent dans l'analyse de ce qui s'est passé avant, ou la projection ou l'organisation de ce qui va se passer, l'exercice suivant peut être intéressant pour vous.

Choisissez 3 moments dans la journée pendant lesquels vous vous centrerez sur l'instant présent. Par exemple, un trajet à pied pour vous rendre à votre travail, un repas en famille, un moment où vous écoutez de la musique...

Vous vivrez chaque moment en étant pleinement disponible à cet instant. Par exemple, lorsque vous marchez pour vous rendre à votre travail, vous pourrez sentir le mouvement de la marche, le contact des pieds au sol, la fluidité dans le mouvement, le vent sur votre visage (il s'agit des sensations kinesthésiques), vous pourrez voir l'environnement autour de vous, en focalisant sur tout ce qui est particulièrement agréable (exemple : une fontaine, un beau bâtiment, une boutique, la mer, le ciel...). Vous pourrez entendre tous les sons, les bruits autour de vous, le son de vos pas... et vous serez pleinement disponible à cet instant.

Vous ne penserez pas à votre programme du matin, vous ne regarderez pas votre smartphone...
S'il vous est important de penser à votre programme du matin pour être dans l'action dès que vous arrivez, coupez le trajet en deux, et séparez bien les deux moments.

Vous pourrez d'abord pratiquer cet exercice de façon systématique avec les trois actions choisies au début. Petit à petit, vous pourrez aussi mettre en application cette disponibilité à différentes situations, de façon spontanée, sur des actions courtes.

Exercice : sourire

Souriez-vous beaucoup ?

« Le sourire a une fonction antistress voire antalgique, grâce à une libération d'endorphines. De la dopamine et de la sérotonine sont également libérées, ce qui entraîne des modifications physiologiques : le rythme cardiaque augmente brutalement puis diminue avec la respiration, les muscles et les artères se relâchent sous l'action du système parasympathique », source Wikipedia.

En plus des modifications physiologiques liées au sourire, celui-ci va avoir un impact positif sur votre entourage également, au travers de votre communication non verbale.

Il ne s'agit pas de se forcer à sourire quand le contexte ne s'y prête pas, mais de penser à sourire dès que l'occasion s'y prête.

Vous pouvez essayer pendant une semaine, et mesurer les effets sur plusieurs jours.

Chapitre 5 : Retrouver la forme

« Je suis fatigué… », « je dors mal », « je ne tiens plus debout », « j'ai besoin de 24 heures de sommeil », « je me sens énorme ». Toutes ces phrases que nous prononçons tous un jour ou l'autre. Et finalement, pourquoi être en forme ? Toutes les études le prouvent, on vit plus longtemps, plus heureux, plus facilement quand on est en forme. Bien sûr, il peut arriver qu'une personne en pleine forme, pratiquant un sport et ne faisant pas d'excès soit décédé(e) jeune. Mais très sincèrement, c'est le principe du poisson volant. Le poisson volant existe, c'est vrai, mais la norme, ce sont les poissons qui nagent. Donc, ne nous focalisons pas sur le 1 % des poissons volants. Et ne nous focalisons pas sur le 1 % des personnes en pleine forme qui décèdent.

L'état de forme dépend essentiellement du sommeil, de l'activité et de l'alimentation. Nous ne prenons pas ici en considération la spécificité de problèmes de santé, nous sommes dans l'optimisation de l'état de forme.

Avant de commencer, évaluez votre état de forme actuel :

☆☆☆☆☆☆☆☆☆☆

0 = je suis très fatigué / 10 = je suis très en forme

Repères intermédiaires :
5 : je suis moyennement en forme, il m'arrive de somnoler dans la journée.
7 : je n'ai pas envie de dormir dans la journée, je me réveille en ayant envie de me lever, mais je ne me sens pas encore plein d'énergie.

Sommeil

Combien d'heures dormez-vous ?

....

Combien d'heures pensez-vous devoir dormir pour être en forme ?

....

Êtes-vous plutôt du matin ou du soir ? Quelles sont les heures auxquelles vous récupérez le mieux ?

....

Mise en pratique :

Pendant 10 jours, vous allez respecter le plan idéal pour vous en termes de sommeil, tel que vous l'avez décrit ci-dessus en répondant aux questions. Sur ces 10 jours, vous pourrez vous autoriser un ou deux écarts les jours de repos (week-end).

Exemple, vous avez répondu :

Combien d'heures dormez-vous ?

6 heures.

Combien d'heures pensez-vous devoir dormir pour être en forme ?

8 heures.

Êtes-vous plutôt du matin ou du soir ? Quelles sont les heures auxquelles vous récupérez le mieux ?

De 23 heures à 7 heures.

Pendant 10 jours :

Vous dormirez de

23 heures à 7 heures.

Vous vous coucherez le temps nécessaire avant pour vous endormir

(exemple 22 h 30).

➡ Alimentation

Êtes-vous satisfait de votre alimentation ?

Si oui, passez ce chapitre. Si vous vous sentez perdu au niveau de votre alimentation, pourquoi ne pas envisager de prendre rendez-vous avec un professionnel ?

....

Si vous avez les bases, si vous savez ce qui est bon pour vous, mais que vous ne le faites pas toujours, pourquoi ne pas tenter d'être exemplaire pendant 10 jours ? Et si c'est trop, commençons par 3 jours ?

....

Vous aurez quelques points de vigilance :

- Vous limiterez le nombre de cafés dans la journée.
- Vous vous hydraterez correctement : il est recommandé de boire entre 1,5 L et 2 L par jour quand on ne fait pas de sport. On augmente en fonction de la pratique sportive.
- Vous limiterez les sucreries et desserts. Vous pouvez les supprimer pendant quelques jours et constater.
- Vous limiterez la charcuterie et les aliments gras.
- Vous augmenterez les aliments sains et naturels : fruits, légumes…
- Vous aurez des repas équilibrés et éviterez de grignoter entre les repas.

Activité

Vous mettrez votre corps en mouvement pendant la période des 10 jours. Il ne s'agit pas forcément de se mettre à un sport particulier, mais déjà de favoriser le mouvement au quotidien.

- Remplacez l'ascenseur par les escaliers autant que possible.
- Marchez : vous pouvez vous garer un peu plus loin ou descendre à l'arrêt précédent, évitez de prendre votre voiture pour les petits trajets, ou simplement allez vous promener et prendre l'air.
- Si vous pratiquez un sport en particulier, faites-le régulièrement (au moins un jour sur 3), et planifiez-le dans votre agenda.

Pour rester motivé :

- Pourquoi ne pas relever le défi des 10 jours en équipe ? Une ou plusieurs personnes de votre entourage voudraient jouer le jeu ? Proposez-leur cette idée.
- Pensez aux applications disponibles sur les smartphones, aux montres connectées, cela vous permet d'évaluer vos progrès.

Au bout de 10 jours, vous vous évaluez de nouveau en termes d'état de forme.

☆☆☆☆☆☆☆☆☆☆

Pour aller plus loin : vous sentez que vous avez tendance à vous surcharger et à ne pas être attentif aux signes de votre corps annonçant la fatigue ? N'hésitez pas à garder cette échelle et à vous évaluer régulièrement pour rester à l'écoute de votre corps. Par exemple, vous vous évaluerez chaque soir ou chaque matin pendant 10 jours, puis une fois par semaine.

Relâchement

Nous accumulons des tensions inutiles dans notre corps. Ces tensions peuvent créer à moyen terme des douleurs, voire même des pathologies plus importantes. Elles ont également un effet négatif sur notre état émotionnel.

C'est la fameuse goutte d'eau qui fait déborder le vase. Accumuler ces tensions tout au long d'une journée est équivalent à remplir le vase jusqu'à ce qu'en fin de journée, une goutte supplémentaire vienne le faire déborder.

Être relâché, c'est aussi avoir de meilleures sensations et concentrer toute son énergie à avancer. Prenons l'image des sprinters qui courent et dont les joues bougent de haut en bas. Le sprinter sait que, pour aller plus vite, il devra solliciter les muscles qui le font avancer, mais aussi relâcher tous ceux qui peuvent potentiellement le freiner. Et cela s'entraîne.

Il est donc essentiel de veiller à ce que notre corps reste suffisamment relâché, et ce tout au long de la journée.

Exercice :

Source méthode Target : Relâchement disponibilité.

Vous vous asseyez sur une chaise et pendant quelques secondes, vous contractez tous les muscles de votre corps. (Cette première étape est contre-indiquée si vous avez des douleurs musculaires ou si vous êtes blessé physiquement.) Au bout de quelques secondes (maximum 5), vous vous relâchez complètement, le plus rapidement possible.

Que ressentez-vous pendant ce relâchement ?
Y a-t-il des zones persistantes de tension (refaites éventuellement l'exercice pour vérifier) ?

Une fois que vous aurez bien senti la différence entre l'état contracté et l'état relâché, vous n'aurez plus besoin de créer la contraction avant de vous relâcher. Il s'agira simplement, dans votre quotidien, de régulièrement vous relâcher musculairement. Par exemple, lorsque vous êtes en train de travailler devant votre ordinateur, prenez quelques secondes pour vous relâcher, comme si vous faisiez un scan de la tête aux pieds et des pieds à la tête, pour détendre chaque muscle. Vous n'avez pas besoin de fermer les yeux, le but sera de pouvoir se relâcher le plus rapidement possible, et pendant l'action. Par la suite, vous vous relâcherez instantanément tout en continuant à taper sur votre clavier, par exemple.

Résumé :

- Pratiquez l'exercice de contraction-relâchement 3 fois par jour pendant 3 jours.
- À partir du 4e jour, faites un relâchement à partir de votre position, en faisant une pause dans l'action. Vous le ferez entre 3 et 6 fois par jour, pendant 3 jours.
- Du 7e au 9e jour : pratiquez entre 3 et 6 fois par jour un relâchement tout en continuant votre action.
- Vous identifierez :
  - Les zones de votre corps qui ont tendance à se contracter plus que d'autres (par exemple : mâchoire serrée, épaules relevées...). Ces zones contractées vous serviront de « sentinelles » pour vous rendre compte plus tôt que la tension est en train de monter. Ainsi, vous pourrez inverser la tendance plus tôt, ce qui sera plus efficace.
  - Les éléments favorisant le relâchement. Concrètement, comment faites-vous pour vous relâcher ?

Chapitre 6 :
Fixer son EXIGENCE

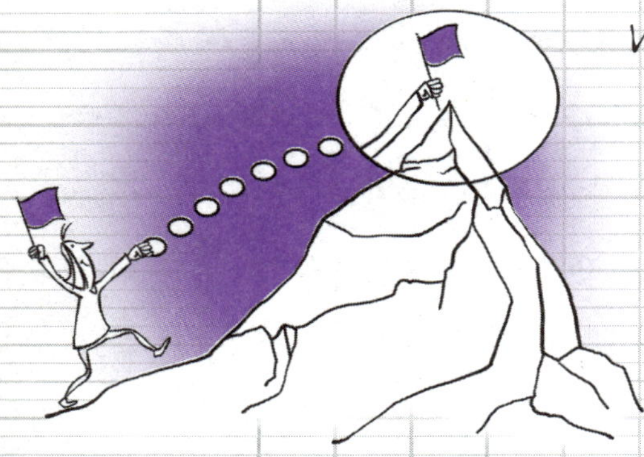

Votre cerveau a besoin de se fixer des exigences. Sans exigence, il n'y a aucune raison de faire ce qu'il faut pour retrouver un mental de gagnant. Pourquoi faire de l'exercice ? Pour tenir ses raisons d'être. L'exigence, c'est le socle durable de votre mental de gagnant.

Quel est votre niveau d'exigence (donner un chiffre de 0 à 5) ?
(3 étant l'idéal, 0 pas assez et 5 trop) :

....

Vis-à-vis de vous : ....

vis-à-vis des autres : ....

➡ Ce qu'en pensent les personnes de votre entourage

Demandez à 9 personnes, issues d'environnements variés (des membres de votre famille, des amis, des personnes de votre milieu professionnel avec qui vous vous sentez suffisamment proche) de noter votre niveau d'exigence de 0 à 5 et de justifier la note attribuée par un exemple de situation vécue.

1 - Note : Situation vécue :	4 - Note : Situation vécue :	7 - Note : Situation vécue :
2 - Note : Situation vécue :	5 - Note : Situation vécue :	8 - Note : Situation vécue :
3 - Note : Situation vécue :	6 - Note : Situation vécue :	9 - Note : Situation vécue :

Bilan et action

Est-ce qu'une tendance ressort ? Est-elle en accord avec votre propre perception ?

....

....

Souhaitez-vous changer quelque chose ? Si oui, quel axe de travail ?

....

....

Concrètement, que décidez-vous de faire ?

....

....

Chapitre 7 : Initier les échanges

Vous pouvez faire et réussir les 6 chapitres avec brio, sans ce chapitre 7, il vous manquera toujours quelque chose. On ne peut avoir un mental performant uniquement pour soi seul. Sauf si l'on s'appelle Robinson Crusoé, seul sur son île ; c'est déjà une formidable réussite d'atteindre les objectifs des 6 premiers chapitres. Il n'y a donc aucune raison de ne pas réussir ce chapitre 7, même s'il paraît difficile, car il dépend aussi des autres et de leur volonté de parler avec vous, de sortir avec vous, de partager des choses avec vous. Pour ceux qui sont timides, il va falloir se faire un peu violence, mais vous verrez qu'après 3 essais maximum, il y aura la réussite. Les sites de rencontres, pas forcément coquins, les sites d'échanges, les sites communautaires, les sites de sorties, fleurissent dans votre région, comme partout. On peut donc penser que de nombreuses personnes souhaitent échanger avec d'autres.

Donc, stimulez autant que possible les échanges.

Exercice 1 :

Parfois, vous n'osez pas de peur de déranger ?
Voici un exercice pour vous convaincre du contraire : **vous essayerez d'obtenir 5 « non » à la suite de demandes faites à autrui**. Vous pouvez faire ces demandes à des inconnus ou à des personnes de votre entourage. Vous verrez qu'il n'est pas si évident d'obtenir des « non »[3].

Exercice 2 : créez les opportunités

Si vous sentez que vous manquez d'interactions sociales :

- Prévoyez ...... sorties entre amis par mois. Le nombre est à définir en fonction de votre rythme et de votre besoin d'interaction. Vous en prévoirez au moins 2 par mois.
- Échangez avec vos voisins.
- Vous pourrez reprendre contact avec des personnes que vous avez un peu perdu de vue.
- Vous pourrez proposer un rendez-vous à quelqu'un que vous ne faites que croiser habituellement.
- Vous pourrez échanger quelques mots avec des inconnus que vous rencontrez (exemple : le boulanger, dans les transports, en salle d'attente…).

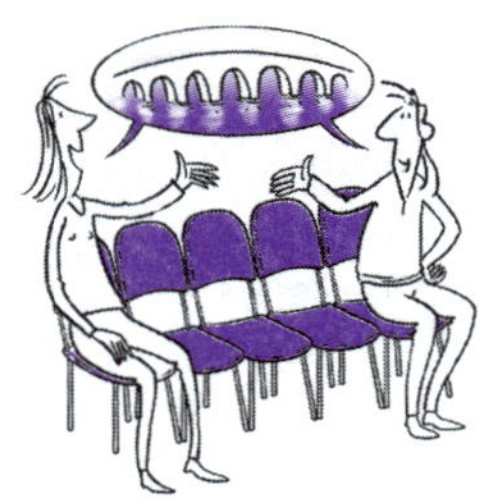

3. Exercice inspiré du livre de Laurent Gounelle, *L'homme qui voulait être heureux*, dans lequel maître Samtyang conseille à Julian de discuter avec des personnes et d'obtenir des réponses négatives de leur part.

MON PLAN D'ACTIONS ÉCHANGES

Thèmes	Objectifs	Réalisé	Nouvel objectif
Sortir avec mes amis	3 x / mois	2 x / semaine	
Contacter des personnes perdues de vue			
Faire du sport dans un club			
…			
…			
…			
…			

Exercice 3 : qualité de l'échange

- Vous poserez des questions ouvertes (une question où on ne peut pas répondre par oui ou non) pour favoriser la discussion.

- Vous veillerez à ce que les temps de parole soient équilibrés. En général, parlez-vous plus ou moins que votre interlocuteur ?

- Vous aurez une écoute attentive.

Conclusion

Ce petit cahier est articulé autour de la méthode PREFERA.

P comme PLAISIR

R comme RAISONS D'ÊTRE

E comme ÉCHANGE

F comme FORMER

E comme EXIGENCE

R comme RÉUSSITE

A comme AMOUR DE SOI

Le chemin initiatique vous a fait connaître l'ensemble des briques pour se construire ou se reconstruire un mental de gagnant.

Achevé d'imprimer en novembre 2015
sur les presses de la Nouvelle Imprimerie Laballery
58500 Clamecy
Dépôt légal : novembre 2015
Numéro d'impression : 510136

Imprimé en France

La Nouvelle Imprimerie Laballery est titulaire de la marque Imprim'Vert®